Marketing und Vertrieb

Marktformen, Preis- und Nachfrageelastizität,
Asymmetrische Informationen und Märkte,
Wettbewerbsstrategien

Nina Arends

Bibliografische Information der Deutschen Nationalbibliothek:

Die Deutsche Nationalbibliothek verzeichnet diese Publikation in der Deutschen Nationalbibliografie; detaillierte bibliografische Daten sind im Internet über http://dnb.d-nb.de abrufbar.

ISBN: 9783346720252
Dieses Buch ist auch als E-Book erhältlich.

Druck und Bindung: Books on Demand GmbH, Norderstedt Germany
Gedruckt auf säurefreiem Papier aus verantwortungsvollen Quellen

Das vorliegende Werk wurde sorgfältig erarbeitet. Dennoch übernehmen Autoren und Verlag für die Richtigkeit von Angaben, Hinweisen, Links und Ratschlägen sowie eventuelle Druckfehler keine Haftung.

Das Buch bei GRIN: https://www.grin.com/document/1275441

Deutsche Hochschule für

Prävention und Gesundheitsmanagement

Hermann Neuberger Sportschule 3

66123 Saarbrücken

Einsendeaufgabe

Fachmodul: Marketing und Vertrieb I

Studiengang: Prävention- und Gesundheitsmanagement

Datum
Präsenzphase: 04.01. – 06.01.2021

Name, Vorname: Arends, Nina

Studienort: **Köln**

Semester: **SS 2020**

Inhaltsverzeichnis

1 TEILAUFGABE 1 – Marktformen

Das erste Kapitel beschäftigt sich mit den verschiedenen Marktformen, dessen Einflüsse und deren Effekte auf die Preisbildung.

1.1 Polypol

Laut Kortmann (2006, S.358) ist die idealtypische Marktform des Polypol durch viele Marktteilnehmer auf beiden Seiten geprägt. Dies bedeutet, dass es sowohl viele Anbieter einer Leistung als auch viele Nachfrager dieser Leistung gibt. Folgend wird am Beispiel der Marktform des Polypol für „Fitness – und Präventionsdienstleistungen an Ältere" untersucht, welche Auswirkungen dies auf die Preisbildung hat. Durch den demografischen Wandel kommt es zu einer Zunahme von älteren Menschen. Durch die höhere Lebenserwartung steigt auch die Zahl der älteren Menschen in der Fitness- und Gesundheitsbranche. Sich auch im höheren Alter fit zu halten, bedeutet, die Lebensqualität möglichst hoch zu halten. Somit wird die Inanspruchnahme von Fitness- und Präventionsdienstleistungen auch als gesellschaftlicher Trend angesehen. Folglich steigt die Nachfragekurve und damit auch die Preise der Fitnessanlagen. Mit der Aussicht auf Gewinn etablieren sich neue Fitness- und Gesundheitsdienstleister (für Ältere) auf dem Markt. Damit steigt auch die Angebotskurve. Das bedeutet, es werden so lange neue Unternehmen in den Markt eintreten, bis die ursprünglichen Anfangspreise wieder erreicht sind. Um konkurrenzfähig zu bleiben, müssen die Preise der direkten Konkurrenz gegenüber sinken. Dadurch steigen viele Anbieter aus oder verändern sich hinsichtlich ihrer Zielgruppe. Somit verläuft sich das Gewinnniveau immer wieder zurück zum Ausgangspunkt.

1.2 Kurzfristige Änderungen für ein einzelnes Unternehmen

Im Folgenden werden kurzfristige Änderungen der Preisbildung und des Gewinnes für ein einzelnes Unternehmen dargestellt. Dabei ist wichtig zu erwähnen, dass es beim Markteintritt weiterer Unternehmen immer zu kurzfristigen Veränderungen im einzelnen Unternehmen kommt. Die Abbildung 1 zeigt, dass die Nachfrage am Markt von D1 auf D2 steigt. Wie im Kapitel 1.1 erwähnt, steigt die Zahl der Älteren und auch die Zahl der Älteren, die Fitness betreiben. Dadurch entsteht ein Nachfrageüberschuss und der Preis steigt kurzfristig von P1 auf P2. Dabei wird die Menge von q1 auf q2 erhöht und somit steigt auch der Gewinn des Unternehmens.

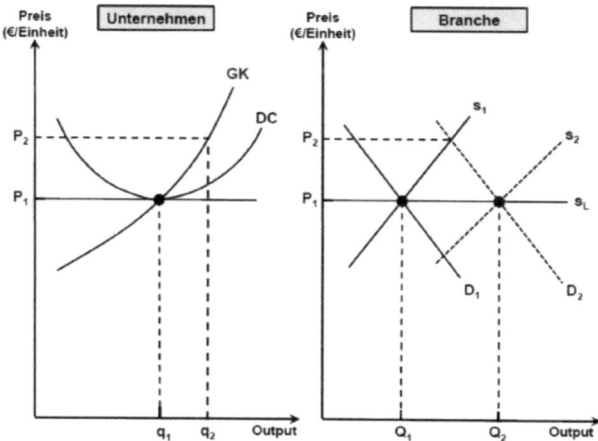

Abb.1: kurzfristige Änderungen der Preisbildung und Gewinn für ein Unternehmen (modifiziert nach Pindyck & Rubinfeld, 2005, S.388)

1.3 Kurzfristige und langfristige Effekte

Zunächst wird zwischen kurz- und langfristigen Effekten innerhalb der Angebotsfunktion in einem Unternehmen unterschieden.

Dabei fällt auf, dass kurzfristige Effekte durch fixe Konstanten geprägt sind. Das heißt, dass bei kurzfristigen Marktanpassungen ein Unternehmen nicht so schnell reagieren kann wie bei langfristigen Veränderungen. Zum Beispiel lassen sich Ladengröße oder die Gerätemenge eines Fitnessstudios nicht kurzfristig aufgrund einer Erhöhung der Nachfrage verändern. In diesem Falle ist es wichtig, die variablen Produktionsfaktoren anzupassen, sodass der Gewinn maximiert werden kann, zum Beispiel in Form von effizienter Einsetzung der Mitarbeiter. Durch diese eingeschränkte Handlungsflexibilität ist die fehlende Zeit bei kurzfristigen Effekten der Marktveränderung das größte Problem.

Bei langfristigen Effekten hat ein Unternehmen zuvor genug Zeit, den Markt zu beobachten und sich Veränderungs- und Anpassungsstrategien zu erarbeiten und umzusetzen. Ein Unternehmen kann so beispielsweise langfristig planen, sich zu vergrößern oder aber auch eine Branche zu verlassen. Nach Pindyck & Rubinfeld (2013, S.410) heißt es, im Falle eines Wettbewerbsmarktes können Unternehmen ohne rechtliche Beschränkung oder mit dem Markteintritt verbundene Kosten in einen Markt eintreten bzw. ihn auch wieder verlassen. Demnach steht es jedem Unternehmen frei, sich weiter in dem Markt zu bewegen oder aber auch in andere Märkte einzutreten. Dabei sollte der langfristige Output eines gewinnmaximierenden Wettbewerbsunternehmens in dem Punkt liegen, in dem die langfristigen Grenzkosten gleich dem Preis sind. Dabei ist zu beachten, dass der Gewinn den das Unternehmen erzielen kann, umso höher ist, je höher der Marktpreis ist. Damit ein langfristiges Wettbewerbsgleichgewicht entstehen kann, müssen bestimmte wirtschaftliche Bedingungen gegeben sein. Es ist die Aufgabe eines Unternehmens, die Beziehung zwischen der Profitabilität, dem Markteintritt und dem langfristigen Wettbewerbsgleichgewicht zu klären.

Nach Paschke (2003, S.272) lässt sich zusammenfassend festhalten, dass der Markteintritt eines Unternehmens in erster Linie davon abhängt, ob die bereits existierenden Unternehmen Gewinne machen oder nicht. Dabei sollten die in den Markt eintretenden Unternehmen allerdings nicht vergessen, das Verhältnis der Preise zu beobachten und zu prüfen, ob temporäre oder permanente Kosten entstehen.

Bezieht man diese Effekte nun konkret auf das Beispiel "Fitness- und Präventionsdienstleistungen an Ältere", lässt sich sagen, dass die höhere Nachfrage kurzzeitig zu einer Preiserhöhung der Anbieter führen wird. Dadurch steigt auch die Angebotskurve, die Fitnessstudios benötigen, beispielsweise mehr Personal und mehr Gerätschaften. Langfristig betrachtet werden die Preise zum Ausgangsniveau sinken und aus den bereits genannten Effekten entsteht wieder ein Wettbewerbsgleichgewicht.

1.4 Langfristige Marktanpassung

Dieses Kapitel beschäftigt sich mit der Frage, was aus der langfristigen Marktanpassung für die Nachfrage nach Fitnessfachkräften folgt. Betrachtet man den steigenden Fitnesstrend in der Gesellschaft, wird deutlich, dass die Nachfrage nach gut ausgebildeten Fachpersonal steigt. Die Fitnessanbieter, die auf dem Markt existieren, sind auf diese Kräfte angewiesen, um diesen Trend weiterhin mitgehen zu können und Gewinne zu erzielen. Durch diesen erhöhten Bedarf kommt es zu einem Engpass und somit stellen die fehlenden Fitnessfachkräfte einen Mangel des erforderlichen Gutes dar. Durch die Markteindringung weiterer Unternehmen in dieser Branche erhöhen sich die Ausgaben für das nötige Personal. Demnach müssen die Fitnessstudios nach immer mehr Lücken und Nischen suchen, die es zu decken gilt, damit sie sich von anderen Studios abgrenzen und einen Mehrwert bieten können.

2 TEILAUFGABE 2 – Preis- und Nachfrageelastizität

Das zweite Kapitel beschäftigt sich mit der Bedeutung und der Konsequenzen der Preis- und Nachfrageelastizität innerhalb der monopolistischen Konkurrenz.

2.1 Monopolistische Konkurrenz

Laut Stiglitz & Walsh (2010, S.315) wird die monopolistische Konkurrenz als eine Marktstruktur bezeichnet, bei der die Anzahl der Anbieter größer als im Oligopol, aber noch zu gering für eine vollkommene Konkurrenzsituation ist. Dabei wird oftmals ein Monopolist durch Patent- oder Markenrechte vor der potenziellen Konkurrenz, sprich vor Anbietern des identischen Produktes geschützt. Dadurch entsteht zugleich eine begrenzte Marktmacht, die durch die Konkurrenz ausgelöst wird. In den Augen der Nachfrager ist das Produkt der Konkurrenz durchaus nicht vollkommen, erweist sich in der Bedürfniserfüllung dennoch als ein gutes Substitut. Demnach ist die Preiselastizität der Nachfrager umso größer, je mehr ähnliche Substitute existieren. Dadurch wird auch der Preiswettbewerb härter und der Monopolpreis sinkt.

Ein Beispiel sei hier der Markt für Zigaretten. Jedes Unternehmen, welches Zigaretten verkauft, ist ein Monopolist seiner Variante, jedoch im Gesamtmarkt nur ein Anbieter von vielen. Diese Situation nennt man monopolistische Konkurrenz.

Die große Vielfalt des ein und desselben Produktes führt dazu, dass die Unternehmen ihre Produktionsfixkosten möglichst gering halten müssen, um einen heterogenen Oligopol zu vermeiden. Man darf im Falle der monopolistischen Konkurrenz erwarten, dass es am Markt so viele Anbieter gibt, dass jedes einzelne Unternehmen die Reaktion seiner Konkurrenz ignorieren kann.

Folglich kann ein Unternehmen durch eine Preissenkung eine große Anzahl zusätzlicher Kunden gewinnen. Dabei ist die Anzahl der abgeworbenen Kunden der Konkurrenz so gering, dass das Unternehmen keinen Anreiz zur Reaktion hat.

In der Tabelle 1 wird zusammengefasst, welche Konsequenzen die Preisänderungen für die Nachfrage und somit für jedes einzelne Unternehmen hat.

Nachfragereaktionen	
Geringe Preissenkung	-der Absatz des Anbieters steigt durch Hinzuge-winnung von Konkurrenzkunden. -die Kunden fragen eine größere Menge nach.
Erhebliche Preissenkung	-stark wachsender Absatz führt zur schnellen Er-reichung der Kapazitätsgrenze. -deutlicher Anstieg der Durchschnittskosten.
Geringe Preiserhöhung	-der Absatz des Nachfragers geht zurück und die Nachfrager wandern zur Konkurrenz. -die übrigen Kunden fragen einer geringeren Menge nach.
Erhebliche Preiserhöhung	-der Absatz des Anbieters wird auf null sinken. -alle Kunden wandern zur Konkurrenz.

Tab.1: Nachfragereaktionen (eigene Darstellung, nach Kortmann, 2006, S.516)

2.2 Werbung in der monopolistischen Konkurrenz

Viele Unternehmen geben eine Menge Geld für Werbung aus. Durch Werbung sollen potenzielle Konsumenten über ein Produkt oder eine Dienstleistung informiert werden. Dabei hat sie die Aufgabe, Menschen zu erreichen und mit dem beworbenen Produkt ein Bedürfnis zu wecken oder sogar eine Bedarfsdeckung mit diesem Produkt zu bewirken. Die Werbung hat somit eine bedeutende Wirkung auf das Kaufverhalten der Gesellschaft und damit auch auf die Nachfrage. Die Abbildung 2 stellt grafisch den Einfluss der Werbung auf die Nachfrage dar und wird im Folgenden näher erläutert.

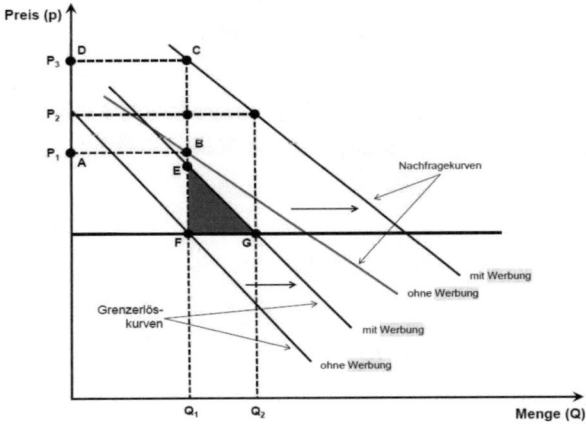

Abb.2: Verschiebung der Nachfragekurve durch Werbung (nach Stiglitz & Walsh, 2010, S.402)

Die Abbildung 2 zeigt auf, welche Bedeutung die Werbung für die Marktform der monopolistischen Konkurrenz hat. Sie ermöglicht trotz mehrerer Anbieter auf dem Markt, dass
die Menge (Q) zu einem höheren Preis (p) verkauft werden kann. Dies zeigt die Betrach-
tung und der Vergleich von P1 zu P3. Die Fläche, die sich durch die Kennzeichnung von
A, B, C & D bildet, zeigt die Zunahme des Umsatzes. Der Einsatz von Werbung ver-
schiebt die Grenzerlöskurve nach oben, welches bedeutet, dass die Nachfrage die Absatz-
menge erhöht. Nach Stiglitz & Walsh (2010, S.402-403) heißt es, dass auch bei unvoll-
kommener Konkurrenz das Unternehmen die Grenzkosten und den Grenzerlös gleich-
setzt, so dass der Output ansteigt und zwar von Q1 auf Q2. Dieser zusätzliche Umsatz
zeigt die Abbildung 2 durch die Fläche zwischen Grenzerlös- und Grenzkostenkurve von
Q1 bis Q2. Zudem bleiben die Grenzkosten unverändert (Fläche durch E, F & G), welches
die zweite Komponente des Gewinnes darstellt. Zusammenfassend entspricht der Netto-
zuwachs des Gewinnes der **Fläche A, B, C, & D + Fläche E, F & G – der Kosten für
den Einsatz der Werbung.**

3 TEILAUFGABE 3 – Asymmetrische Informationen und Märkte

Das dritte Kapitel beschäftigt sich mit dem Umgang von Problemstellungen durch asymmetrische Informationen und Märkte. In den folgenden Kapiteln werden diese Problemstellungen anhand von Definitionen und Beispielen näher erläutert.

3.1 Asymmetrische Informationen

Laut Pindyck & Rubinfeld (2013, S.844) liegen "asymmetrische Informationen" vor,
wenn manche Marktteilnehmer über mehr Wissen verfügen als andere. Dieses Wissen
betrifft vor allem Informationen über die ökonomischen Variablen, die für die Entschei-
dungen in einem Unternehmen von Relevanz sind. Nach Varian (2011, S.803) heißt es,
sobald diese Informationen Kosten verursachen, kann davon ausgegangen werden, dass
die Konsumenten und Produzenten nicht mehr über die gleichen Informationen verfügen.
Dies kann zur Folge haben, dass ein Marktversagen eintritt. Denn für Konsumenten ist
die Einschätzung für die Qualität eines Produktes erst möglich, nachdem sie es bereits
gekauft haben. Das wiederum führt zu einer Kaufentscheidung, gestützt von Annahmen

und vermeintlich finanziellen Vorteilen des Kosten-Nutzen-Faktors. Dadurch verschieben sich zwingend die Preise auf dem Markt und es kommt zu einer Marktverdrängung eines Produktes. Bei einem Konkurrenzprodukt kann dies laut Pindyck & Rubinfeld (2013, S.847) zur Folge haben, dass eigentlich beide Parteien von einem Handel profitieren könnten, dies aber durch den Informationsmangel auf Seiten der Käufer verhindert wird.

Aus solchen Informationsmängeln entsteht ein "Market for Lemon-Problem". Der US-amerikanische Ökonom George Akerlof untersuchte dieses Phänomen erstmalig im Jahre 1970. Laut Akerlof (1970, 488 ff.) besteht der Kern des Problems darin, dass Käufer bei einem Vertragsabschluss weniger Informationen über das Produkt besitzen als der Verkäufer. Im Folgenden wird das "Market for Lemon-Problem" mit einem Beispiel aus dem Fitness- und Gesundheitsmarkt verdeutlicht.

Das Unternehmen NOHrD ist ein Sport- und Geräthersteller. Mit einer neuen Produktlinie aus Holz wollen sie sich als Marktführer auf dem Markt für dieses Produkt etablieren. Als konkretes Beispiel seien hier die hochwertigen Laufbänder zu erwähnen, die ganz ohne elektrischen Antrieb zu nutzen sind. Alle potenziellen Käufer orientieren sich an die Kosten der direkten Konkurrenz und können durch zu wenig Informationen die Produktqualität des Gerätes nicht einsehen. Damit kommt es zum ausschließlich finanziellen Vergleich. Deutlich überwiegend entscheiden sich die Käufer für das vielfach günstigere Konkurrenzprodukt. Der Anbieter ist gezwungen, den Preis zu senken oder aber aus dem Markt auszusteigen. Es wird deutlich, dass somit die Anbieter von hochklassigen Laufbändern (aus Holz und ohne Motor) trotz hoher Qualität aus dem Markt verdrängt werden. Damit sinkt die Zahlbereitschaft der potenziellen Käufer und die Qualität der präsenten Produkte auf dem Markt nimmt ab.

3.2 Signaling

Das Signaling oder auch die Signalisierung genannt, ist ein Mechanismus, der eine Hilfe für Käufer und Verkäufer sein soll, um mit dem Lemon-Problem umzugehen. Dieser Begriff wurde in den 70er Jahren vom amerikanischen Ökonomen Michael Spence entwickelt. Er zeigte auf, dass auf manchen Märkten die Verkäufer den Käufern Signale übermitteln, um dadurch Informationen über die Qualität ihrer Produkte weiterzugeben (Spence, 2007, 1ff.).

Um Produkte mit hoher Qualität am Markt verkaufen zu können, ist es wichtig, das Signaling einzusetzen. Nach Pindyck & Rubinfeld (2013, S.857-858) heißt es, dass es für Unternehmen unabdingbar sei, die ein solch verlässlicheres, qualitativ hochwertigeres Produkt herstellen, diesen Unterschied zu anderen Produkten an die Konsumenten zu signalisieren. Nach Varian (2011, S.812) ist hier das Anbieten von einer Garantie oder Gewährleistung ein sinnvolles Signal. Damit signalisieren die Hersteller der hochwertigen Produkte eine gewisse Sicherheit und Verlässlichkeit der angegebenen Funktionsfähigkeit des Produkts. Folglich werden Produkthersteller von minderwertigeren Produkten es sich aus Kostengründen nicht leisten können, eine Garantie für ihre Produkte anzubieten. Daraufhin ist anzunehmen, dass Konsumenten für Produkte mit einer Garantieleistung auch mehr bezahlen werden.

Im Folgenden wird erläutert, welche Bedeutung die Kosten eines Signals am Beispiel eines Studiums aus Sicht einer Person am Arbeitsmarkt hat, die Belastbarkeit und Lernfähigkeit signalisieren möchte. Des Weiteren wird darauf eingegangen, weshalb ein Studium "nicht zu leicht" sein darf.

Im Grunde kann ein Unternehmen erst nach der Einstellung einer neuen Arbeitskraft beurteilen, ob diese die gewünschte Qualität der Arbeitsleistung erbringt. Um einen ständigen Wechsel der Arbeitskraft und die damit verbundenen Kosten und den Aufwand zu verhindern, muss auch hier mit Signalen gearbeitet werden. Dabei versucht jedes Unternehmen im Vorfeld, die Produktivität eines potenziellen Arbeitnehmers möglichst genau herauszufinden. Laut Pindyck & Rubinfeld (2013, S.853-854) ist das Ausbildungsniveau des Bewerbers ein sehr starkes Signal. Nach Demmler (2000, S.226) kann das Ausbildungsniveau beispielsweise anhand der Anzahl von Schuljahren, der erworbenen Abschlüsse, der Reputation der besuchten Schulen/Universitäten und der Abschlussnoten gemessen werden.

Folglich kann ein abgeschlossenes Studium dazu beitragen, dass angenommen wird, belastbarer und lernfähiger und damit produktiver zu arbeiten, als diejenigen, die kein Studium absolviert haben. Dabei muss das Studium einen gewissen Schwierigkeitsgrad aufweisen, der es für den weniger produktiveren Bewerber nicht möglich macht, den Abschluss zu erreichen. Je höher die Kosten für ein Studium sind, umso mühsamer ist es für den Studierenden. Dies zeigt den Unternehmen beim Sichten von Bewerbungsunterlagen wichtige erste Indizien von Belastbarkeit und Ehrgeiz des Bewerbers. Vor allem beim

Vergeben von Führungspositionen werten Unternehmen einen hohen Abschluss als Zeichen von Disziplin, Intelligenz und hoher Auffassungsgabe. Letztlich darf ein Studium nicht zu leicht sein, damit es eben nicht an Wert verliert und ein Signal für die oben genannten Fähigkeiten darstellt.

3.3 Anwendung in der Praxis

Der Arbeitgeberverband deutscher Fitness- und Gesundheitsanlagen (DSSV) ermöglicht jeder Einrichtung der deutschen Sportstudios, Fitness-, Wellness- und Racketanlagen, sich qualitativ zu zertifizieren. Das Siegel DIN EN 17229 garantiert ein Mindestmaß an Sicherheit und Qualität hinsichtlich Studioausstattung und -management. Dabei regelt es Anforderungen und Normen in Bezug auf das angebotene Gruppentraining, gerätegestütztes Herz-Kreislauf- und Krafttraining, die Quantität und Qualität der eingesetzten Trainer sowie die Hygiene und den Service.

Im Folgenden zeigen zwei Beispiele aus der Fitnessbranche, wie Anbieter hoher Qualitäten diese Eigenschaften der Nachfrageseite signalisieren.

Beispiel 1:
Die EMS-Kette "terra sports" hat ihre 54 Filialen DIN-zertifizieren lassen. Die Zertifizierung wurde durch die BSA-Akademie ausgeführt, welche im September 2020 einen Beitrag dazu veröffentlichte (bsa-zert.de, Sept. 2020). Mit dieser Zertifizierung wurde die EMS-Kette zum Testsieger des Stift- und Warentests ausgezeichnet. Somit kann "terra sport" nicht nur die DIN-Zertifizierung für ihre Studios vorweisen, sondern auch auf ihren Medienportalen nochmals mitteilen, dass sie als Testsieger für bestimmte Qualitätskriterien sind. Diese Auszeichnung belegt deutlich die Qualität des Angebots von "terra sports" und vermittelt gerade auch in Zeiten von Covid-19 ein Vertrauen an die Kunden.

Beispiel 2:
Das Fitness- und Gesundheitsstudio EASYFITNESS in Hannover-Süd hat sich bereits für die DIN-Zertifizierung entschieden. Während der Corona-Pandemie hat sich das Unternehmen als erstes dazu entschieden, sich durch die neue Hygienezertifizierung der BSA abzuheben (bsa-zert.de, Dez. 2020). Das Unternehmen legt viel Wert auf die Betreuung ihrer Kunden und um das zu untermauern, möchten sie ihren Mitgliedern in dieser

schwierigen Zeit ein Zeichen von Sicherheit und Pflichtbewusstsein geben. Auch in diesem Beispiel ist gut zu erkennen, dass das Studio mit der Zertifizierung seine Qualität nach außen trägt.

4   TEILAUFGABE 4 - Wettbewerbsstrategien

Das vierte Kapitel beschäftigt sich mit der Fragestellung, weshalb Gesundheitsdienstleister abhängig von der Tageszeit unterschiedliche Preise aufrufen. Dabei zeigen zwei Beispiele aus Sicht der Unternehmen, warum diese Differenzierung positive Effekte hat.

Der Grund für die unterschiedlichen Preise zu verschiedenen Tageszeiten ist die Spitzenlast-Preisbildung. Nach Pindyck & Rubinfeld (2013, S.555-556) heißt es, wenn aufgrund der Kapazitätsengpässe die Grenzkosten steigen, das heißt in so genannten Spitzenzeiten, höhere Preise berechnet werden. Grundlage dieser Strategie ist das Vorgehen, dass zu unterschiedlichen Zeiten unterschiedliche Preise berechnet werden. Die Spitzenlast-Preisbildung zielt nicht darauf ab, Konsumentenrenten abzuschöpfen, auch wenn man dies durch die Berechnung von verschiedenen Preisen zu verschiedenen Zeiten vermuten vermag. Der Hintergrund ist die Erhöhung der wirtschaftlichen Effizienz, indem den Verbrauchern Preise berechnet werden, die nahe den Grenzkosten liegen. Die folgende Abbildung stellt das Ziel, die Nachfragehöhepunkte (dargestellt mit der Nachfragekurve D1) zu bestimmten Zeiten mit höheren Preisen (P1) zu belegen, grafisch dar.

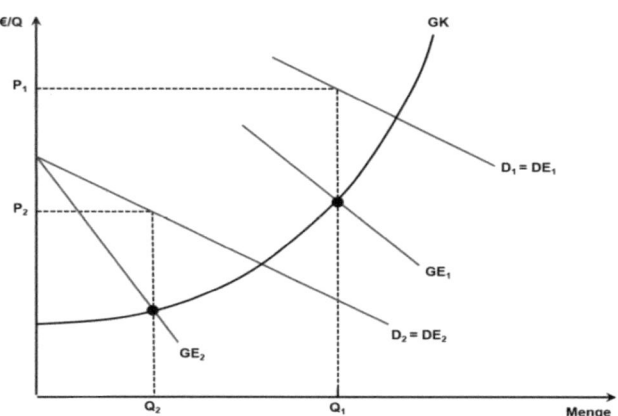

Abb.3: Spitzenlast-Preisbildung (modifiziert nach Pindyck & Rubinfeld, 2013, S.558)

Im Folgenden werden zwei Beispiele erläutert, die die positiven Effekte der Spitzlast aus Sicht des Unternehmens untermaucrn.

Beispiel 1:

Das Westfalenbad in Hagen bietet für seine Badegäste einen Frühschwimmerpreis an. An Wochentagen Mo-Fr von 6.30 Uhr bis 10.00 Uhr und an den Wochenenden von 8.00 Uhr bis 10.00 Uhr erhalten Schwimmgäste einen Rabatt auf den regulären Eintrittspreis (Hagenbad GmbH, 2021). Dieses Angebot soll dafür sorgen, die Auslastung in den frühen Morgenstunden zu erhöhen und somit die Frequentierung zu den Stoßzeiten zu senken. Dabei ist es das Ziel des Unternehmens, während den Stoßzeiten einen Grenzerlös gleich den Grenzkosten zu erwirtschaften und somit die Effizienz zu erhöhen.

Beispiel 2:

Das Athletico-Fitnesscenter in Stukenbrock bietet eine Mitgliedschaft zu einem Vormittagstarif an. Die Mitgliedschaft bietet einen Preisvorteil von -25% gegenüber des Ganztagstarifs. Die Mitgliedschaft beinhaltet den täglichen Zutritt von 04.00 Uhr bis 13.00 Uhr (Athletico, 2016). Dabei ist ganz klar auch hier das Ziel, die Auslastung in dem zugelassenen Zeitraum zu erhöhen. Vor allem Senioren und Studenten können von diesem Angebot profitieren. Am ehesten verfolgt das Fitnesscenter damit die Strategie, die Grenzkosten am Abend zu decken, indem sie dafür sorgen, dass sich die Besucherauslastung auf einem konstanten Niveau hält.

5   Literaturverzeichnis

Akerlof, G. A. (1970). The Market for "Lemons": Quality Uncertainty and the Market Mechanism. *The Quarterly Journal of Economics*, 84 (3), 488-500.

Demmler, H. (2000). *Grundlagen der Mikroökonomie* (4.Aufl.). München: Oldenbourg.

Kortmann, W. (2006). *Mikroökonomik. Anwendungsbezogene Grundlagen* (4., durchgesehene Aufl.). Heidelberg: Physica.

Paschke, D. (2003). *Mikroökonomie anschaulich dargestellt*. Heidenau: PD-Verlag.

Pindyck, R. S. & Rubinfeld, D. L. (2005). *Mikroökonomie* (6.Aufl.). München: Pearson.

Pindyck, R. S. & Rubinfeld, D. L. (2013). *Mikroökonomie* (8.Aufl.). München: Pearson.

Spence, M. (2007). *Market Signaling*. Cambridge: Harvard University Press.

Stiglitz, J. E. & Walsh, C. E. (2010). *Mikroökonomie. Band I zur Volkswirtschaftslehre* (4.Aufl.). München: Oldenbourg.

Varian, H. R. (2011), *Grundzüge der Mikroökonomik* (8. Aufl.). München: Oldenbourg Wissenschaftsverlag.

Internetquellen:

DIN-Norm 33961 - Arbeitgeberverband deutscher Fitness- und Gesundheits-Anlagen (dssv.de) Zugriff: 10.01.2021

Überblick - Arbeitgeberverband deutscher Fitness- und Gesundheits-Anlagen (dssv.de) Zugriff 10.01.2021

DIN-Zertifizierte EMS-Kette von Stiftung Warentest ausgezeichnet (bsa-zert.de) Zugriff: 10.01.2021

Erstes Studio beginnt Hygienezertifizierung - BSA-Zert (bsa-zert.de) Zugriff: 10.01.2021

: Hinweise zu Preisen und Tarifen (westfalenbad.de) Zugriff: 11.01.2021

Athletico – Das Fitnesscenter (athletico-fitnesscenter.de) Zugriff: 11.01.2021

6   Abbildungs- und Tabellenverzeichnis

6.1   Abbildungsverzeichnis

6.2   Tabellenverzeichnis